Feitiços
e
Simpatias
para o
AMOR

Título
Feitiços e Simpatias para o Amor

Autores:
Claudia Souto / Paulo Augusto Cardoso

Edição e Diagramação:
Fábio Galasso

Capa:
Fábio Galasso

Revisão:
Yolanda de Andrade

Internacional Standard Book Number:
ISBN: 9786500420272 / 64 páginas

Editora Rochaverá
Rua Manoel Dias do Campo, 224 – Vila Santa Maria – São Paulo – SP
CEP 02564-010
Tel.: (11) 3426-5585
www.editorarochavera.com.br

Caro leitor,

"Basta uma vela ou um copo com água, que a magia está feita. Porque a magia está na fé, não apenas nos elementos"

Grande tem sido o interesse despertado pelo assunto magias e feitiços, e grande é a procura por feiticeiros ou "magieiros" que possam nos mostrar os caminhos. O assunto é de interesse popular dentro e fora dos terreiros e templos de magias. Por isso trouxemos aqui alguns feitiços utilizados pelos homens desde a aurora dos tempos que poderão ser úteis a quem necessita e tenha fé no poder dos elementos naturais.

Certa vez um velho feiticeiro foi questionado por seus discípulos porque não revelava seus segredos junto aos espíritos e principalmente porque não os mostrava algumas de suas magias. Ele respondeu que não haviam segredos que não pudessem ser revelados para aqueles que os buscavam, pois um dia ele mesmo iria embora e outros poderiam utilizar algumas das fórmulas para fazerem o bem.

Mas ressaltou que preparar ritual não é difícil, juntar os elementos e os ingredientes no horário certo não tem nenhum segredo, porque o poder da magia está em cada um de nós. Pois não é somente juntar coisas, mas conseguir atravessar as esferas astrais e alcançar os portais divinos para fazer com que os elementos se tornassem magia, e essa é a grande dificuldade. Ou seja, aquilo que chamamos de fé!

Isso quer dizer que não basta conhecer os elementos e as fórmulas, porque os segredos e mistérios que envolvem muitos rituais para que os mesmos acionem as chaves-mestras que farão com que as magias se tornem reais é a conexão espiritual de cada um que pratica magia.

E com a promessa de nos auxiliar, ele nos deixou alguns de seus feitiços para que pudéssemos nos utilizar conforme as nossas necessidades.

Porém, ele nos alertou que seria certo que nem todos conseguiriam fazê-los tornar realidade, pois nem todos que procuram o amor estão de fato querendo amar, muitos estão apenas tentando provar a sua superioridade, exercer o poder de vingança, ódio, revanche e não a pureza que do amor que consola e faz crescer.

INTRODUÇÃO

Antes de pensar em fazer um feitiço para o amor, é preciso analisar se existe realmente necessidade de enfeitiçar alguém ou uma situação. Muitas vezes desejamos além daquilo que nos pertence, por mera vaidade e arrogância e não por não termos o que precisamos e gostaríamos.

Caminhos são livres e todo ser deve ser livre para suas escolhas e sentimentos, pois o sentimento é algo que deve fluir naturalmente em cada ser. Sendo assim, devemos pensar em nossas escolhas e caminhos antes de desejar interferir seriamente nos caminhos de outro como se o outro não tivesse o direito de escolher sobre sua própria vida.

Mas é importante também lembrar que o mundo espiritual não nos priva de termos a chance de melhorar aquilo que temos e buscarmos alternativas para reequilibrar uma situação e momento ruim ao qual estamos vivendo. O estresse do dia-a-dia, o ciúme exagerado, a falta de confiança, o esfriamento nas relações, geram atritos e desequilibram nosso sistema e campo onde tudo deveria seguir em total harmonia.

Por isso, o mundo espiritual não nos impede de buscarmos prazer e paixões em nossas relações, pois a alegria de viver encontra-se também nas relações amorosas em que estamos envolvidos.

Para isso existem os feitiços e as simpatias que podem adentrar aos nossos campos magnéticos espirituais para nos ajudar a reequilibrar algumas situações, mas sempre com muita consciência e respeito pela vida do outro.

Claro que as nossas intenções são sempre as melhores possíveis, todos queremos ter uma vida, confortável, alegre e com o amor ao nosso lado, e se isto não está acontecendo buscaremos maneiras para que aconteça. As vezes as coisas não acontecem não por falta de não tentarmos, mas por desequilíbrio e desajuste das energias que vibramos, sendo que muitas das razões estão ligadas aos campos negativos em que fluímos ou o campo negativo que as pessoas ao nosso redor nos emanam.

Para isso existem os feitiços e adoçamentos para nos ajudar a alterar alguns campos vibratórios, porém, devemos usar sempre de discernimento.

Para um bom resultado tenha os instrumentos e elementos corretos, creia no poder da magia que existe no campo astral e creia na sua força vibracional. Assim os resultados serão positivos e duradouros.

Ritual

Antes de falarmos em magia e rituais, vamos falar um pouco sobre o que é um ritual e como o mundo espiritual atua

Um ritual é uma cerimônia espiritual selando pactos, onde se celebra junto ao mundo espiritual a merecida dádiva pela conquista daquilo que se espera através de algo que vai além dos nossos caminhos cotidianos, para que possamos conquistar juntos ao sagrado o que está por vir.

O ritual passa a ser sagrado quando ele está imbuído de idéias e intenções sagradas, quando ele alcança o mesmo objetivo entre as duas partes que o compõe, ou seja, aquele que celebra o ritual espiritualmente (Mestres do campo astral) e aqueles que participam do ritual. Isso quer dizer que precisa muito de nós para que possamos alcançar o objetivo desejado, mas não apenas isso, precisa do nosso melhor, das nossas energias boas, e crença acima de tudo, porque o campo astral ou os espíritos apenas poderão trabalhar em nosso favor se tivermos crença sobre aquilo que estamos pedindo e almejando receber.

Por isso sempre que fizer um ritual, seja ele qual for, faça com o que você possui de melhor, sejam os itens e elementos, seja com a sua própria energia, usando os melhores pensamentos e vibrações.

Pois tudo aquilo que fazemos, oferecemos e desejamos voltará para quem o faz. E se o nosso desejo é termos bons resultados, nada mais sincero do que fazer com verdade utilizando sempre o que há de melhor.

Mãos a obra!

Os autores:

FEITIÇOS, SIMPATIAS O AMOR

Para Conquistar um Amor na força Cigana

- 1 Maçã vermelha bonita
- 2 Pires brancos
- 1 Pote de mel puro
- 1 Copo com água
- 1 Punhado de açúcar
- 1 Vela branca
- 1 Pano vermelho
- 2 Papeis com os nomes

Modo de preparo: Tire a tampa da maçã e faça um buraco no meio da maçã, retirando as sementes com bastante cuidado, sem deixar vazar. Abra o pano vermelho, coloque o primeiro pires branco em cima. Pegue a maçã e coloque os nomes das pessoas que deseja unir dentro (escrever os nomes em um papel em branco sem pauta, o nome da pessoa que deseja unir embaixo e o seu por cima), depois despeje o mel puro e coloque a maçã dentro do pires.

Pegue o copo com água e jogue um punhado de açúcar, depois coloque o outro papel com os nomes das pessoas que deseja unir e deixe sobre o pano vermelho também, ao lado da maçã.

Coloque o segundo pires sobre o pano e ascenda a vela e reze para Santa Sara Kali, fazendo seu pedido de amor com bastante fé.

Após terminar o ritual, jogue os restos da vela no lixo e enterre a maçã num vaso e jogue a água do copo por cima. Reutilize os pires e o copo normalmente.

Adoçamento para atração

- 7 Maçãs grandes e bonitas
- 1 Bacia de barro ou prato branco virgem
- Pano vermelho
- Pote de mel puro
- Canela em pó
- Açúcar
- Papel com os nomes das pessoas que deseja unir

Modo de preparo: Retirar as tampas das maçãs com a ajuda de uma faca ou um punhal e guarde a tampa das maçãs, você irá usá-las para colocar de volta em cima das maçãs. Retirar parte do miolo das maçãs e colocar os nomes das pessoas que deseja a união dentro de cada uma delas. Em seguida, colocar o mel dentro da maçã e uma pitada de canela em pó. Coloque a tampa da maçã de volta.

Depois segurar cada maçã com a mão esquerda e mentalizar as pessoas que deseja unir, dizendo as seguintes palavras: "Que se faça valer o poder o amor e da magia, na união dessas pessoas" e dizer os nomes das pessoas.

Você deverá repetir este processo com todas as maçãs e repetir essas palavras com cada uma delas, quando as estiver segurando na mão esquerda.

Em seguida colocá-las na bacia de barro ou prato branco virgem, com um punhado de açúcar em baixo de cada maçã. Depois banhar as maçãs com o mel puro.

Ao anoitecer deve levantar e entregar essa magia em um jardim ou um local com árvores. Chegando ao local escolhido estenda o pano vermelho próximo a uma árvore bonita, e coloque a magia no centro e dê sete passos para trás e se retire sem olhar para trás.

Obs.: Os nomes devem ser em um papel branco sem pauta, colocar o nome da pessoa que está fazendo o trabalho na "linha" de cima e o da pessoa ao qual desejar unir na "linha" de baixo

Para conquistar alguém

- 7 Rosas vermelhas
- 1 Pote de mel puro
- 1 Romã grande e bonita
- 1 Prato de barro ou tigela
- Folhas de artemísia
- Papel com nome da pessoa amada

Modo de preparo: Você deverá escolher uma noite bonita, de preferência de lua crescente. Forrar o prato ou a tigela de barro com bastante folhas de artemísia, depois colocar as sete rosas vermelhas dentro do prato bem distribuídas. Colocar o nome da pessoa a ser conquistada dentro da romã e banhar com mel puro. Colocar no centro do prato de barro ou tigela e mentalizar a pessoa que deseja conquistar e fazer o seu pedido as forças espirituais.

Enquanto estiver preparando o feitiço você deve metalizar você e a pessoa amada juntas e felizes.

Manter namorado (a)

- 1 Violeta (flor)
- Comprar um presente de uso pessoal
- 1 Pano branco virgem
- Folhas de jasmim
- Papel com o nome da pessoa

Modo de preparo: Você deve escolher uma noite de céu aberto (sem chuva) e procurar um local ermo. Você vai estender o pano branco virgem e colocar em cima do pano o presente escolhido, e em cima do presente as flores (violetas) e dizer as seguintes palavras: "Juntos para sempre e para sempre"

Repita essas palavras por sete vezes em seguida mentalize vocês dois entrando em um templo ou uma igreja e construindo um lar ou os sonhos desejados que você tem em relação ao amado (a).

No dia em que for entregar o presente ao namorado (a), você deve tomar um banho de jasmim do pescoço para baixo. Depois junte as folhas do jasmim do banho e as violetas e o pano branco e despachar entre árvores ou um jardim.

Melhorar casamento

- Peça de roupa íntima da mulher
- Peça íntima do marido
- Fita azul de cetim (1 metro)

Modo de preparo: Em uma sexta-feira o horário das 06:00 ou 09:00 horas da manhã ou das 15:00, 18:00 ou 21:00 horas (você deve escolher o horário que preferir), pegue as peças de roupa do casal e as coloque de frente uma para a outra e amarre com a fita de cetim azul dando 7 nós e para cada nó, você deve fazer o seu pedido ou desejo para melhorar o relacionamento do casal.

Deixe as peças amarradas debaixo do colchão por 7 dias. No sétimo dia no mesmo horário escolhido em que você amarrou com os nós, você deve desamarrar e colocar as peças de volta para serem usadas pelo casal.

A fita azul de cetim você deve despachar em um jardim ou amarrar em um galho de árvore ou roseira do lado de fora de seu lar.

Para conquistar um namorado

- Um pote de vidro com tampa para não exalar o perfume
- 1 Rosa vermelha
- 1 Perfume de laranjeira
- 1 Perfume predileto

Modo de preparo: Coloque dentro do pote de vidro parte do seu perfume predileto, depois coloque 7 gotas de flor de laranjeira (perfume) e também 7 pétalas da rosa vermelha. Misture tudo e guarde em um local onde ninguém poderá ver. Todas as vezes que você for sair passe um pouco desta formula secreta em partes de seu corpo e em seguida leia o salmo 113, o deixando aberto sobre a cabeceira se sua cama.

Trazer o amor de volta

- 1 Maçã vermelha bonita e grande
- 7 Palitos de dente
- 1 Taça que caiba a maçã dentro
- Chá de Anis estrelado
- Papel com os nomes do casal

Modo de preparo: Você deve retirar a tampa da maçã com a ajuda de uma faça ou punhal e colocar o papel com os nomes (o nome da pessoa que se deseja trazer de volta por baixo e o seu por cima). Depois coloque novamente com a tampa que foi retirada. Em seguida espete a maçã com os sete palitos de dente travando a tampa da maçã. Depois segure a maçã com a mão esquerda na altura do seu peito e faça seu pedido ao campo espiritual.

Coloque a maçã dentro da taça de vidro em seguida banhe a maçã com água de anis estrelado. Depois leve tudo e coloque este feitiço em uma planta deixando por três dias. No quarto dia, a noite, você deve ir até a taça e reforçar o seu pedido.

Nessa mesma noite, você deve levar a taça da magia em uma praça e colocá-la próximo a uma árvore, pedindo as pombo-giras que traga o seu amor de volta.

Obs.: como preparar o chá de anis estrelado: Deixe um pouco de água ferver, depois desligue o fogo e coloque o anis estrelado dentro da água quente e tampe até esfriar o chá. Para o ritual o chá deverá estar frio

Trazer o amor de volta

- 1 limão
- 1 Copo ou xícara
- 7 Cravos da índia
- Papel com o nome da pessoa indesejada

Modo de preparo: Corte o limão em cruz, mas não o separe. Coloque o papel com o nome da pessoa que deseja afastar (escrever o nome no papel branco sem pautas por sete vezes seguidas, um embaixo do outro) e coloque dentro do limão. Pegue os sete cravos da índia e os coloque dentro do limão. Depois coloque este limão dentro de um recipiente (copo ou xícara) e peça para Exú que afaste a pessoa de seu caminho e diga o nome da pessoa.

Coloque este limão em uma planta por sete dias (dentro do copo ou xícara ainda). No oitavo dias levante o trabalho para ser entregue em uma encruzilhada reforçando seus pedidos a Exú.

Afastar pessoa indesejada

- 1 limão
- 1 Copo ou xícara
- 7 Cravos da índia
- Papel com o nome da pessoa indesejada

Modo de preparo: Corte o limão em cruz, mas não o separe. Coloque o papel com o nome da pessoa que deseja afastar (escrever o nome no papel branco sem pautas por sete vezes seguidas, um embaixo do outro) e coloque dentro do limão. Pegue os sete cravos da índia e os coloque dentro do limão. Depois coloque este limão dentro de um recipiente (copo ou xícara) e peça para Exú que afaste a pessoa de seu caminho e diga o nome da pessoa.

Coloque este limão em uma planta por sete dias (dentro do copo ou xícara ainda). No oitavo dias levante o trabalho para ser entregue em uma encruzilhada reforçando seus pedidos a Exú.

Afastar pessoa invejosa

- 1 Pedaço de carvão
- 1 Carretel de linha preta

Modo de preparo: Escrever o nome da pessoa em um papel branco sem pauta por sete vezes, uma embaixo da outra. Depois pegue o pedaço de carvão e o papel e enrole o papel em volta do carvão. Em seguida pegue a linha preta e enrole em volta amarrando bem o papel junto ao carvão. Enquanto faz isso, mentalize a pessoa e vá pedindo que afaste a pessoa invejosa do seu caminho.

Depois, enterre este trabalho em um vaso por 3 dias, e no quarto dia desenterre e leve em uma encruzilhada, lá você deve pedir que Exú tome conta para que a pessoa invejosa não adentre em sua vida.

Trazer quem foi embora

- 1 Pires branco
- Canela em pó
- Papel com o nome da pessoa

Modo de preparo: Pegue um papel branco sem pautas e escreva o nome da pessoa que deseja de volta por 7 vezes (escrever cada nome em uma "linha" um embaixo do outro). Em seguida você deve escrever o seu nome por cima. Depois coloque este papel dentro do pires e cubra tudo com canela em pó. Deixe em um local reservado por 3 dias onde ninguém poderá mexer.

No quarto dia no mesmo horário vá até o pires e faça uma prece aos Ciganos que tragam seu amado de volta.

Nesse mesmo dia á noite, pegue o pires e vá ate o portão da sua casa e assopre a canela do pires segurando o papel dizendo as seguintes palavras: "Que o vento traga de volta o fulano, assim como o levou".

Depois pegue o papel escrito e coloque dentro de algo pessoal seu e o deixe lá guardado.

Para enfeitiçar alguém

- 1 Vela Vermelha
- 1 Essência de rosa vermelha
- 1 Cipó chumbo fresco
- 1 Metro de fita preta
- 1 Metro de fita vermelha

Modo de preparo: Pegue a vela vermelha e escreva os nomes do casal de baixo para cima. Una as duas velas e amarre as fitas nas velas, dando 7 nós ao final. Amarre o cipó de chumbo fresco em volta das velas. Depois jogue a essência de rosa vermelha sobre o feitiço.

Ao entardecer, vá até uma encruzilhada e acenda a vela. Sai de lá sem olhar para trás.

Para atrair alguém para você

- 1 kg de canjica branca cozida
- 7 Claras batidas em neve
- 1 kg de açúcar
- 7 Folhas da costa
- 1 Prato de louça branco
- 1 Papel branco os nomes

Modo de preparo: No prato branco coloque o papel com os nomes do casal (o nome da pessoa que se deseja amarrar por baixo e o seu por cima), depois coloque metade do pacote de açúcar, depois coloque toda a canjica cozida. Sobre a canjica termine de colocar o açúcar, depois coloque as folhas da costa e cubra tudo com a clara em neve. Vá até uma estrada de terra e entregue sua oferenda.

Este feitiço deve ser feito ao entardecer, em uma estrada que esteja vazia ou isolada.

Para dominar sentimento de alguém

- 1 Coração de boi
- 1 Mel puro
- 7 Velas vermelhas
- 1 Rosa vermelha
- 1 Papel com os nomes do casal
- 1 Alguidar pequeno que caiba o coração

Modo de preparo: Corte o coração de boi e coloque o papel com os nomes do casal (o nome da pessoa que se deseja amarrar por baixo e o seu por cima), depois coloque no alguidar, jogue o mel puro por cima e também as pétalas da rosa vermelha para cobrir tudo.

Em seguida vá até uma encruzilhada, deposite a magia e ascenda as 7 velas e ofereça para a Rainha da Encruzilhada pedindo a ela que traga o seu amor amarrado a você.

Ao terminar, sai sem olhar para trás.

Enfeitiçar pessoa amada

- 7 Tipos de frutas vermelhas
- 7 Fitas de cetim coloridas (1 metro de cada)
- 1 Mel puro
- 1 Prato branco

Modo de preparo: Corte cada uma das frutas e coloque o nome da pessoa amada dentro. Depois amarre cada uma das frutas com uma de fita diferente, coloque dentro de prato branco virgem. Em seguida coloque bastante mel por cima e enterre esta oferenda em um jardim pedindo ao povo Cigano que traga seu amor junto de você.

Para adoçar a pessoa amada

- 1 Fruta do conde
- 1 Alguidar de barro pequeno
- Farofa de mel
- Papel com os nomes de quem se deseja amarrar

Modo de preparo: Faça um pequeno corte na fruta do conde e coloque o nome da pessoa amada dentro, feche novamente e deposite dentro do alguidar. Depois cubra a fruta com uma farofa de mel e regue tudo com o restante do mel. Vá até uma praça (de preferência à noite) e entregue para as forças ocultas que regem aquele lugar, pedindo que traga seu amor amarrado a você. Sai sem olhar para trás.

Conquistar alguém com romã

- 7 Romãs
- Papel com o nome da pessoa amada

Modo de preparo: Em um pedaço de papel escreva o nome da pessoa amada. Depois pegue 7 romãs e faça um furo em cada um delas. Coloque um papel com o nome em cada uma. Ou seja, 7 pedacinhos de papel para 7 romãs .

Ao final da tarde por volta das 18:00hs quando o sol está se pondo, coloque as 7 romãs em um jardim dizendo as seguintes palavras "Vai romã, vai buscar fulano (dizer o nome da pessoa amada), vai romã traga o (a), fulano para mim.

Esta simpatia deve ser feita uma única vez.

Adoçamento com maçã

- 1 Prato branco pequeno
- Mel puro
- 3 punhados de açúcar
- Papel com nome da pessoa

Modo de preparo: Você deverá receber esta maçã de alguém (Não compre, pode até pedir que alguém lhe dê de presente).

Faça um corte e retire a tampa da maçã, depois faça um buraco e retire o interior. Coloque o papel com o nome dentro da maçã, depois despeje o mel puro e os 3 punhados de açúcar. Tampe a maçã novamente e coloque dentro do prato branco. Vá até um jardim, coloque o prato embaixo de uma árvore frutífera, de preferência que esteja com frutos. Retire-se sem olhar para trás.

Para amarrar marido

- 1 Moringa com tampa
- 1 Pedra de cristal
- 3 fios de cabelo dele

Modo de preparo: Comprar uma moringa de barro de tamanho médio que possa ser guardada e colocar a pedra de cristal e os 3 fios de cabelo do marido dentro. Coloque a moringa debaixo de uma goteira de casa, deixando encher com água da chuva. Quando estiver bem cheia feche e guarde em lugar que ninguém possa ver.

Quando quiser ter relações sexuais com o amado abra a moringa. Quando o amado sair de casa, feche a moringa. Assim ele ficará amarrado a você.

Para ser lembrado pela pessoa

- 7 Rosas vermelhas
- 7 Cigarros sem filtro
- 1 Prato branco

Modo de preparo: Em uma noite de sexta-feira, de preferência após as 22:00 hs, vá até uma encruzilhada, coloque as rosas vermelhas em um prato branco harmoniosamente e deposite os 7 cigarros em volta das rosas do lado de dentro do prato. Acenda um a um dos 7 cigarros e peça para que a rainha e dona das energias daquela encruzilhada possa se manifestar em seu favor e fazer o fulano lembrar de você. Saia da encruzilhada sem olhar para trás.

Para atrair alguém

- 1 Maçã grande e bonita
- 1 Pedaço de papel branco com o nome da pessoa amada
- Mel puro

Modo de preparo: Escreva o nome da pessoa amada no pedaço de papel, faça um furo na maçã e deposite na maçã. Tampe o buraco com mel. Vá até um jardim e coloque a maçã ao lado de uma árvore bonita.

É importante que seja um lugar onde você não passará por sete dias.

Com fio de cabelo

- 1 Pote de vidro
- 1 Perfume de sua preferência
- 1 Perfume de pombo-gira (pode ser qualquer um)
- Fios de cabelo da pessoa amada

Modo de preparo: Em um momento de descontração, pegue alguns fios do cabelo da pessoa amada. Amarre os fios dela (e) com os seus próprios fios de cabelo. Em um pote de vidro deposite estes fios amarrados, depois coloque 7 gotas do seu perfume preferido, em seguida coloque 7 gostas do perfume de pombo-gira. Guarde este vidrinho no fundo de uma gaveta onde você guarda suas roupas.

Trazer amor de volta

- 1 Repolho roxo
- 1 Mel puro
- 7 Cravos da índia
- 1 Punhado de canela em pó
- 1 Alguidar de barro pequeno
- 1 Papel com os nomes do casal

Modo de preparo: Faça um furo no meio do repolho como se fosse uma cumbuca, depois deposite os nomes dentro (o nome da pessoa que se deseja amarrar por baixo e o seu por cima). Coloque dentro do mesmo buraco o mel puro, o punhado de canela em pó, e os cravos da índia. Vá ate uma mata e entregue aos espíritos das matas. Saia sem olhar para traz.

Separar amante

- 2 Pedaços de bife
- Linha preta
- Um papel com o nome do marido
- Um papel com o nome da amante

Modo de preparo: Pegue o pedaço de bife e coloque um dos nomes dentro, repita o mesmo com o outro pedaço de bife, depois amarre cada um com um pedaço de linha preta (não precisa ser muito grande, apenas para não cair o papel com o nome). Em segui entregue um dos pedaços de bife para um cachorro comer e o outro para um gato comer.

Obs.: também serve para fazer duas pessoas brigarem

Quebrar feitiço de amor

- 1 Vela branca
- 1 Mel puro

Modo de preparo: Em uma noite de lua crescente vá até um campo aberto, quebre a vela branca em três partes. Ascenda cada uma da partes quebradas, em forma de triangulo, depois jogue o mel em volta das velas e as ascenda dizendo assim: "Ao Anjo de guarda do fulano, assim como eu quebro esta vela, também será quebrado todo feitiço feito contra o fulano".

Enquanto as velas queimam, reze um pai nosso. Depois deixe as velas queimarem até o final. Vá embora sem olhar para trás.

Segurar seu amor

- 2 Bananas da terra
- 1 Pote de vidro
- 1 Metro de fita amarela
- Papel com nomes
- Mel puro

Modo de preparo: Faça um corte na banana da terra de cima para baixo sem separar as partes e coloque o nome da pessoa amada dentro. Repita este mesmo processo com a outra banana e coloque o seu nome dentro.

Depois junte as duas bananas e amarre com a fita amarela, ao final dê 7 nós com o restante da fita. Deposite dentro de um pote e jogue o mel puro por cima. Tampe e enterre em um vaso ou no meio de uma estrada.

Despertar sentimento

- 1 Vela vermelha
- 3 Agulhas

Modo de preparo: Escreva o nome da pessoa amada na vela de baixo para cima, acenda a vela e deixe queimar por alguns minutos, depois pegue as agulhas e cuidadosamente, transpasse na vela queimando e deixe as agulhas penduras. Enquanto a vela queima, fale em voz alta: "Assim como esta agulha atravessa esta vela, seu amor será eterno por mim".

Faça este ritual de preferência à noite do lado de fora de sua casa. O que sobrar das velas e agulhas, entregue em uma encruzilhada e saia não olhe para trás.

Se livrar de amor antigo

- 1 Pó de sumiço
- Papel com o nome da pessoa indesejada
- Punhado de terra

Modo de preparo: Corte 7 tiras de papel branco e coloque o nome da pessoa, escreva o nome da pessoa em cada um deles. Pegue a terra e junte ao pó de sumiço, depois misture com um pouco de água fazendo uma massinha. Passe esta massa sobre os 7 pedaços de papal e junte tudo formando uma bolinha.

Vá até à frente da casa onde você mora e chute este feitiço para bem longe, dizendo o seguinte: "Assim como este seguirá o seu caminho, você fulano também seguida seu caminho para bem distante de mim". Depois vá para sua casa e reze um Pai Nosso e vá dormir.

Obs.: Esta magia também pode ser utilizada para afastar pessoas indesejadas de seu caminho.

Manter marido apaixonado

- 1 Peça de roupa íntima do marido
- 1 Prato virgem
- Mel puro

Modo de preparo: Em uma sexta-feira, pegue uma roupa íntima de seu marido e coloque dentro de um prato virgem, derrame o mel puro e deixe embaixo da cama do casal por 3 dias. No quarto dia, lave apenas com água morna e deixe secar ao ar livre. No dia seguinte use por um dia como se fosse uma roupa sua. No outro dia, faça o marido usar.

Obs.: Para não encher de formigas, cubra e feche bem com um saco de papel.

Noite ardente

- 1 Cálice
- Perfume de sua preferência
- Perfume de pombo-gira (pode ser qualquer um)

Modo de preparo: Durante o banho, com o cálice, recolha um pouco de água que escorrer pelo bico do seu seio direito. A noite, deposite 7 gosta do perfume de sua preferência e mais 7 gotas do perfume de pombo-gira neste mesmo cálice. Deixe guardados por 7 dias em lugar escuro para que seja ativado o perfume da pombo-gira junto ao seu. Depois coloque em um recipiente onde possa guardar como um perfume de atração. Quando for se encontrar com o seu amado, use o perfume para ativar o fogo da paixão.

Reconciliação de casal

- 1 Foto de cada um do casal
- 2 Facas virgens
- 1 Pano branco
- 1 Lenço azul claro

Modo de preparo: Pegue um pano branco e estenda sobre o chão (chão de terra de preferência em um jardim), em seguida coloque as fotos de vocês dois, sendo uma ao lado da outra. Pegue as duas facas virgens e cruze-as sobre as fotos de vocês e depois cubra com o lenço azul claro. Faça uma oração do Pai Nosso e peça as forças do mundo astral possam novamente os reconciliar e devolver a paz espiritual. Deixe ali por 3 horas seguidas.

Na quarta hora retire as facas e as guarde dentro do lenço azul.

Trazer namorado de volta

- 1 Foto da pessoa amada
- 1 Lenço branco
- Punhado de açúcar
- Conjuro de amor

Modo de preparo: Abra o lenço branco depois coloque a foto da pessoa amada no centro e acrescente um punhado de açúcar sobre as fotos.

Repita este conjuro de amor: "Que as almas benditas que morreram por amor, possam ir até o encontro do meu amado (falar o nome do amado) e fazer com que desperte novamente em mim. Que a força deste conjuro abra as portas da magia em nome do amor, para todo sempre".

Feito isso, dobre o lenço com a foto dentro por 7 dias. No quarto dia, enterre em um jardim.

Prender uma pessoa

- 1 Banana da terra madura
- 7 Punhados de açúcar
- 1 Prato branco virgem
- 1 Carretel de linha preta
- Papel com o nome da pessoa amada
- Mel puro

Modo de preparo: Pegue a banana da terra e a parta sem tirar a casca (de cima para baixo). Pegue o nome e coloque dentro, depois amarre a linha preta fechando a banana e enrole todo o carretel de linha preta em volta da banana.

Enquanto estiver enrolando a linha na banana vai metalizando a pessoa amada e pedindo que as forças das energias espirituais possam atuar em seu favor e lhe trazer a pessoa amada. Depois coloque a banana no centro do prato e despeje o mel e o açúcar. Guarde o trabalho em um lugar isolado por

7 dias. No oitavo dia entregue este ritual em um lugar onde tenha água, pode ser cachoeira (água limpa)

Conquistar mulher difícil

- 3 Fios de cabelo da mulher
- 3 Fios do seu cabelo
- 1 Pires branco
- 1 Lenço branco

Modo de preparo: Você deve conseguir 3 fios de cabelo da mulher desejada, sem que ela perceba, junte com outros 3 fios do seu cabelo e coloque tudo em um pires branco virgem.

Ao anoitecer amarre os fios de cabelo de ambos e deixe no sereno por 3 dias. No terceiro dia no mesmo horário guarde tudo em um lenço branco e amarre o lenço em uma árvore

Patuá para atrair paixões

- 1 Rosa vermelha
- 1 livro velho
- Pedaço de pano vermelho
- Linha vermelha e agulha
- Perfume de pombo-gira

Modo de preparo: Separe 7 pétalas de rosa vermelha, coloque entre as página de um livro bem velho, para que a umidade seja toda absorvida pelo papel. Faça um saquinho com o pano, costurando com a linha vermelha, onde possam caber as pétalas.

Depois de 3 dias dentro do livro velho, deposite as pétalas dentro deste saquinho e pingue 7 gotas do perfume de pombo-gira. Costure a boca do saquinho com a linha vermelha. Deixe o patuá em lugar onde você desejar atrair os olhares, mas não deixe em lugar visível, e não conte para alguém o seu significado.

BANHOS E SIMPATIA NA FORÇA DOS CIGANOS

Para conquistar um amor

Antes de fazer esse ritual, tenha a certeza de que a pessoa escolhida é a ideal para você, pois a magia é definitiva.

Banho para atrair a pessoa amada

- 21 Cravos da índia
- Meia taça de vinho tinto
- 1 Canela em pau
- 1 Rosa Vermelha (Apenas as pétalas)
- Mel puro
- 1 Litro de água

Modo de preparo: Escolha uma noite de lua crescente e coloque todos os ingredientes em uma panela e deixe no sereno até o outro dia. (Cubra com um pano branco). No dia seguinte aqueça 3 litros de água e adicione a mistura, mexa tudo cuidadosamente. Enquanto estiver mexendo o banho para o amor peça aos Ciganos do amor que abençoe esta magia e tragam a pessoa amada. Mentalize você e a pessoa amada juntas. Após tomar seu banho de higiene, despeje este banho do pescoço para baixo reforçando seu pedido e mentalizando a pessoa amada.

Banho Para Abertura de Caminhos

- 12 Folhas de louro
- 2 Colheres de Mel
- 1 Litro de água

Modo de preparo: Colocar um pouco de água para ferver em uma panela, após a água ferver desligue o fogo e adicione as 12 folhas de louro. Tampe e deixe esfriar por e meia hora e reserve.

Após tomar seu banho de higiene, misture as 2 colhes de mel ao banho de louro que já está reservado e mexa bem. Despeje do pescoço para baixo pedindo ao seu Anjo da guarda que te proteja abra os caminhos espirituais.

Depois, jogue os resíduos em um local limpo ou jardim.

Banho Para Boa Sorte

- 7 Pedaços de canela em pau
- 7 Anis estrelado
- 1 Punhado de açúcar
- 2 Litros de água

Modo de preparo: Colocar 2 litros de água para ferver, após a água ferver desligue o fogo e adicione os 7 pedaços de canela em pau, os 7 anis estrelado. Tampe e deixe esfriar por meia hora e reserve.

Após tomar seu banho de higiene, pegue os itens que estão reservados e mornos e acrescente o punhado de açúcar e misture bem. Depois de tomar seu banho de higiene, jogue este banho da sorte da cabeça para baixo, agradecendo a Santa Sara Kali a boa sorte e as boas energias que circulam através de seu espírito.

Depois, jogue os resíduos em um local limpo ou jardim.

Banho Cigano para Prosperidade

- 1 Canela em pau
- 1 Colher de coentro
- 1 Colher de noz-noscada ralada
- 2 Litros de água

Modo de preparo: Ferva 2 litros de água e acrescente os ingredientes, desligue o fogo e tampe a panela. Deixe tudo abafado por 30 minutos. Após tomar seu banho de higiene jogue este preparo do pescoço para baixo mentalizando toda sorte que deseja em seus caminhos.

Depois, jogue os resíduos em um local limpo ou jardim.

Que a força dos Ciganos e das Pombo-giras possam reinar sobre os mistérios do campo astral e nos trazer visão, direção, amor e muitas paz em nossos caminhos.

www.abibliaespirita.com.br

@abiblia.espirita

A Bíblia Espírita

A Bíblia Real / Bíblia Espírita

faceboook.com/cabocloubirajaraoficial/

faceboook.com/exuecaminho

faceboook.com/babalaopaipaulo

faceboook.com/claudiasoutoescritora

contato@editorarochavera.com.br

Editora Rochaverá

Rua Manoel Dias do Campo, 224 – Vila Santa Maria – São Paulo – SP - CEP: 02564-010

Tel.: (11) 3951-0458

WhatsApp: (11) 98065-2263

EDITORA ROCHAVERÁ